PROJET

D'UN NOUVEAU

SYSTÈME DE COLONISATION

CRÉATION

D'UNE

AGENCE DES FONDATIONS COLONIALES

PAR

Le Docteur L. C.

PARIS

IMPRIMERIE NOUVELLE (ASSOCIATION OUVRIÈRE)

Rue Cadet, 11. — G. Masquin, directeur.

—

1883

PROJET

NOUVEAU SYSTÈME DE COLONISATION

Au Midi, à quelques lieues de Marseille, la France possède la plus vaste de ses colonies. Quoique séparée de la mère-patrie par ce grand lac qu'on appelle la Méditerranée, l'Algérie, si l'on considère son climat et la richesse de son sol, nous apparaît comme une extension de notre belle Provence. Ciel clément, terre féconde, rien ne manque à ce beau pays, si ce n'est des bras pour tirer parti des immenses ressources qu'il offre.

La colonisation a été lente, très lente, jusqu'à ce jour. Sans nous évertuer à en rechercher les diverses causes, nous ferons remarquer en passant que les difficultés de la conquête ont été considérables, et qu'elles ont nécessité la prolongation d'une forte occupation militaire : condition peu favorable, il faut bien l'avouer, au développement de la colonisation. Plus de cinquante ans se sont écoulés depuis notre conquête, et les indigènes, que nous nous efforçons d'initier aux bienfaits de la civilisation, s'inclinent aujourd'hui devant notre domination généreuse et protectrice.

L'Etat, désireux de parachever l'œuvre commencée, a pensé que l'heure était venue de confier à un gouvernement civil les rênes de l'administration. Cette heureuse modification a déjà produit des résultats qui nous permettent de bien augurer de la situation brillante que nous réserve l'avenir dans cette région privilégiée. Mais ne nous laissons pas trop éblouir par cette perspective, et n'oublions pas que le langage et l'attitude de certaines puissances voisines nous obligent à recourir sans retard à de salutaires précautions ; n'oublions pas que le point vulnérable de l'Algérie se trouve dans la faible densité de la population européenne, et que nous ne devons prendre de repos et de trève qu'après avoir définitivemeut attiré vers notre colonie le courant de l'émigration française.

Certes, les Français sont assez peu disposés à quitter leur patrie, et, malheureusement, le petit nombre qui s'y résigne, chaque année, paraît avoir une tendance naturelle à se porter vers le Nouveau-Monde. Aussi faible que soit ce courant d'émigration, il existe, et il est urgent de prendre des mesures pour le diriger tout entier vers nos provinces africaines.

Si jadis l'agriculteur, qui, de son naturel, est essentiellement pacifique, n'osait porter ses pas vers elles, effrayé qu'il était, à tort ou à raison, par le grand apparat guerrier dont elles étaient le théâtre, il ne saurait, aujourd'hui que le pouvoir civil y fonctionne avec calme et régularité, être retenu par une semblable apppréhension.

Avant d'aller plus loin, qu'on nous permette de jeter un coup d'œil rapide sur les principaux procédés de colonisation employés jusqu'à ce jour, procédés qui ont d'ailleurs présenté de nombreuses variantes avec les peuples, les temps et les mœurs. L'esclavage, le plus ancien comme le plus immoral de tous, s'est montré d'une application tellement simple et avantageuse, que bon nombre d'esprits sont partis de là, pour conclure à la nécessité et à la justification de cette institution abominable. « Sans esclaves, les colonies périraient ! » s'est-on écrié dans le temps. L'expérience ayant démontré l'inanité d'une telle assertion, l'esclavage est un procédé presque partout abandonné aujourd'hui, et les derniers peuples qui y recoureut sont mis au ban de la civilisation.

Ensuite est venu le transport des populations en masse. Les conquérants poussant devant eux de grands troupeaux humains, leur faisaient exécuter de fantastiques chassés-croisés, installant quelque tribu fidèle sur le territoire d'un peuple vaincu, et emmenant celui-ci dans le cœur même de leur royaume. C'est alors qu'on pouvait voir les Normands s'abattre sur les rivages de la Bretagne, tandis que les Bretons venaient occuper les côtes de la Normandie.

Le temps de ces permutations radicales étant passé, les Anglais, qu'un génie commercial incontestable rend féconds en ressources, ont cherché à exploiter leurs colonies à l'aide de grandes compagnies. Poussées par l'appât du gain, celles-ci en sont arrivées à dépasser en cruauté froide et en cynisme éhonté les plus iniques mesures de l'esclavage. Ce système a bien pu grossir la caisse de quelques capitalistes, et même celle du Trésor anglais, mais il n'a pas fait faire un grand pas à la civilisation, but final de toute nation réellement colonisatrice.

Depuis quelque temps déjà, la France et la plupart des Etats ont adopté, dans l'espoir de mieux attirer les bras et les capitaux dans les colonies, le système des concessions gratuites.

Malgré son titre séduisant, celui-ci a le grand défaut de n'être accessible qu'aux individus possédant des ressources suffisantes pour faire face aux premiers frais — toujours considérables — de l'exploitation des terrains concédés.

Afin de parer à cet inconvénient, et pour mettre les terrains à la portée de tous en les rendant exploitables par les plus pauvres qui forment, en somme, le gros noyau de toute émigration, les Américains ont imaginé, avec leur grand bon sens pratique et leur esprit tenace, de créer des associations particulières. Ces associations spéculent sur le colon, et, tout en lui venant en aide d'une manière efficace, trouvent le moyen de réaliser parfois d'énormes bénéfices. Plus connues sous le nom de Bureaux d'émigration, elles reçoivent, dit-on, à titre de primes d'encouragemant, des subventions de l'Etat. Quoi qu'il en soit, à diverses reprises chaque année, les Bureaux d'émigration expédient en Europe des agents qui sont chargés de pratiquer l'embauchage des émigrants auxquels on promet monts et et merveilles, et qu'on transporte toujours gratuitement jusqu'à destination. Là, l'émigrant, devenu colon, est mis en rapport avec quelque succursale du bureau installée dans le voisinage, qui tient à sa disposition, avec les renseignements utiles, toutes les choses dont il peut avoir besoin. Le Bureau vend au comptant à celui qui peut payer, mais il n'hésite pas à ouvrir un crédit à celui qui ne possède rien — à un taux plus ou moins élevé, il faut bien le dire. Très accommodant du reste, il accepte les payements en nature, achète les récoltes, trafique de toutes les façons, enfin fait ses affaires, tout en fournissant au colon le moyen de faire les siennes.

En France, l'esprit de spéculation n'atteint pas ces proportions, et il est probable que de telles associations, étant donnés notre caractère et nos mœurs, n'auraient chez nous aucune chance de succès. Une intervention directe de l'Etat lui-même pour remplir ce rôle ne réussirait pas non plus, car l'Etat, avec le régime des concessions gratuites, ne consentirait jamais à se dessaisir des exigences et des garanties, qu'il a pris l'habitude et qu'il se croit obligé d'imposer aux concessionnaires.

En attendant, qu'arrive-t-il le plus souvent au pauvre et intrépide pionnier qui, voulant rester Français quand même, va s'établir en Algérie? A peine a-t-il posé le pied sur la parcelle de terre qu'on lui a concédée — parcelle généralement proportionnée aux ressources pécuniaires dont il a justifié la possession — qu'il se trouve aux prises avec les mille et une difficultés de l'installation. Pour les surmonter, il en est réduit à lui-même, et ne peut compter que sur ses efforts personnels. Et cependant, sans parler des conditions déplorables où, dans cette vie nouvelle, le place presque toujours l'isolement, il faut qu'il songe à s'abriter, à se nourrir, à se procurer des instruments de travail. Il ne peut espérer d'obtenir tout cela qu'avec des peines infinies, et qu'au prix des plus grands sacrifices, en s'adressant à des fournisseurs avides, à des usuriers sans vergogne, si bien que le petit pécule qu'il a apporté se trouve souvent épuisé avant qu'il se soit muni de la moitié des choses nécessaires. Alors, à bout de ressources, de force et de courage, ce malheureux abandonne sa concession, et va dans un centre voisin, chercher des moyens d'existence que semble lui refuser une terre impitoyable.

De pareils résultats sont tellement communs que nous croyons remplir un devoir patriotique en appelant l'attention de nos concitoyens sur un système qui, d'après d'excellents esprits et sur l'avis des Algériens eux-mêmes, serait propre à porter remède au mal. Sans renoncer au régime des concessions tel qu'il se pratique chez nous, pourquoi n'aurions-nous pas recours simultanément au régime de la vente à crédit, vente comprenant non seulement le terrain, mais encore tous les organes de l'exploitation.

Ce système reposant sur un contrat, qui n'humilie ni n'exclut personne, qui établit entre l'acquéreur et le vendeur des engagements réciproques, serait plus conforme à notre génie national; il répondrait certainement mieux qu'aucun autre aux nécessités des temps présents; il atteindrait mieux et plus vite que tout autre le but que nous nous proposons d'atteindre.

Si nous l'admettons, il devient facile à l'Etat, dont la responsabilité se trouve singulièrement dégagée, de profiter des exemples et des enseignements donnés en d'autres lieux, et de créer une institution spéciale chargée de procéder aux contrats de vente, d'assurer l'exécution de leurs clauses ; et de plus, apte à rendre au colon tous les services que peuvent lui rendre ailleurs les associations américaines dont nous venons de parler, et cela, dans des conditions mieux définies, avec une sollicitude plus désintéressée, et à meilleur marché.

Pour nous faire une idée bien nette de la chose, comparons et examinons de près les deux systèmes. Disons d'abord que la vente telle que nous l'entendons a pour conséquence immédiate d'ouvrir à l'indigent l'accès de la colonie. C'est une vérité qui, malgré son apparence paradoxale, est facile à démontrer. Si l'Etat concède un terrain quelconque, il ne le fait, il ne peut le faire, qu'en échange de garanties sérieuses assurant l'exploitation de la concession. Il faut que le concessionnaire, en outre de diverses obligations secondaires, établisse par un certificat de notoriété qu'il jouit d'une certaine position de fortune ; il faut qu'il s'engage à résider lui-même, ou par son substitué, dans la propriété concédée, s'il ne veut pas courir le risque de perdre ses titres.

Avec ces conditions qu'arrive-t-il ? C'est qu'en dehors de certains faiseurs d'affaires, gens experts en l'art d'éluder lois et règlements, et sachant trafiquer de tout et partout, il n'y a qu'un nombre très restreint d'individus qui tentent d'obtenir des concessions. Mais s'il est quelqu'un qui n'ait même pas à songer à en demander, c'est bien celui qui ne peut justifier de sa solvabilité, c'est le pauvre. Hâtons-nous de reconnaître d'ailleurs que l'obligation de résidence suffirait pour le tenir à l'écart de son plein gré, car il n'a pas encore oublié d'anciens griefs, et sait par ouï dire, sinon par expérience personnelle, combien il est dur d'être attaché à la glèbe.

Avec la vente à crédit, tout change de face. L'État, par un intermédiaire qui joue le rôle d'agent d'affaires, passe un contrat avec un citoyen. Sans s'enquérir de sa situation pécuniaire, fermant au besoin les yeux sur un passé qui peut-être n'a pas été toujours irréprochable, sans imposer de conditions inacceptables ou blessantes, par un simple contrat dont les clauses pourraient d'ailleurs être établies suivant les règles du droit commun, l'État abandonne à ce citoyen, pour un *prix minime*, tout le terrain qu'il est supposé pouvoir cultiver avec tout ce que comporte l'exploitation : cheptel, grange et maison d'habitation meublée ; il lui garantit la nourriture jusqu'à la première récolte ; il s'engage à ne pas le laisser dans l'isolement, à le protéger, à lui fournir les moyens d'instruction, les soins médicaux, et à peu près tous les avantages dont il pouvait jouir dans le milieu qu'il va quitter ; il lui accorde en outre les plus grandes facilités pour le payement.

De son côté, l'acquéreur ne prend d'autres engagements que de se bien conduire, et de faire honneur à ses affaires en se libérant dans une période de temps plus ou moins longue, dix ans par exemple. « Voilà un homme bien tenu ! » vont s'écrier les partisans exclusifs de la concession, personnages qui, par nature ou habitude, sont assez mal disposés à l'égard du prolétaire.

A cela nous répondrons que cet homme est bien tenu, en effet, puisqu'il l'est par le plus solide lien qui puisse aujourd'hui attacher un homme libre, par son intérêt.

Etrange aberration! A l'heure qu'il est, nous sentons tous combien sont puissants les motifs qui nous poussent à activer le peuplement de notre colonie africaine ; d'autre part, aucun de nous n'ignore que des milliers d'individus quittent chaque année la France, et vont demander à l'Amérique les ressources dont ils sont dépourvus. Dans, cette situation que faisons-nous ? Nous établissons ou plutôt nous maintenons un système de colonisation qui repousse absolument celui qui, dans notre beau pays de France, est porté à émigrer, celui qui émigre. Nos gouvernants semblent aveuglés par un unique objectif : appeler des capitaux, et ils ne songent pas seulement que le premier capital est l'homme. Après cela, comment s'étonner de la lenteur avec laquelle s'opère la colonisation de l'Algérie, où l'élément étranger domine d'ailleurs dans des proportions qui commencent elles-mêmes à devenir inquiétantes.

A juger du système actuel par les résultats produits, on reconnaîtra pour le moins qu'il est insuffisant, et qu'il faut se hâter de recourir à quelque chose de mieux.

On nous dira peut-être que celui que nous préconisons aujourd'hui a été déjà employé. D'abord nous ferons remarquer que le système de vente auquel on fait allusion, quoiqu'il eût lieu sous trois modes : vente à prix fixe, vente aux enchères, vente de gré à gré, différait essentiellement du nôtre, puisqu'il n'ouvrait pas le moindre crédit à l'acquéreur, et qu'il impliquait au contraire, chez celui-ci, la possession préalable de capitaux pour exploiter le terrain acquis ; que malgré cela, durant la courte période de temps où il a été mis en vigueur, il a donné des résultats satisfaisants qui eussent été encore meilleurs si l'administration, renonçant à ses habitudes d'arbitraire, n'avait, en même temps qu'elle vendait aux uns, continué à appliquer pour les autres, dans les mêmes lieux et suivant son caprice, le système des concessions, dont l'effet le plus direct était, on le comprend, de nuire aux ventes faites ou à faire. Mais ces divers modes de ventes, comparés à celui que nous proposons, n'ont de commun avec lui que le nom. Pour nous, la vente, nous ne nous lasserons point de le redire, est une vente à crédit ; et elle comprend non seulement le terrain, mais tout — absolument tout — ce qui est nécessaire à son exploitation.

L'Etat fait une avance ; et il la fait complète pour mieux s'en assurer la rentrée, et aussi pour permettre au plus pauvre de traiter avec lui. Il est possible, il est probable même que certains de ses acquéreurs ne justifieront pas sa confiance, qu'ils manqueront à leurs engagements. Combien ? Un sur dix ? Nous ne le pensons pas. Après avoir été soustrait à la misère, on ne s'expose pas aussi facilement à retomber sous ses étreintes. Admettons cependant qu'il y en ait davantage : un sur cinq, par exemple. Le résultat sera-t-il tant à dédaigner si, pour un individu qui tourne mal, il en reste quatre qui marchent bien et qui fassent souche de colons laborieux et de bons citoyens !

D'après l'opinion que nous venons d'émettre au sujet des concessions, il ne faudrait pas inférer que nous avons contre elles un parti-pris d'opposition. Il n'en est rien, car nous admettons fort bien que l'Administration continue à les offrir comme un appât aux capitalistes et aux Compagnies, ou bien qu'elle en dispose pour récompenser des services publics. Et nous pensons que les deux systèmes peuvent, dans des conditions spéciales, exister simultanément, et même se fortifier l'un par l'autre. Mais, pour leur permettre de se développer l'un et l'autre dans toute leur force, il serait indispensable, à notre avis, de bien préciser à l'avance leur champ respectif d'application. Ainsi, celui des concessions serait seul applicable en territoire militaire, et celui de la vente en territoire civil ; ils le seraient l'un et l'autre en territoire mixte.

Enfin, pour terminer, disons que là où la vente serait seule admise, il serait avantageux de procéder à une mesure qui est réclamée, depuis bien longtemps, par les colons et par les indigènes eux-mêmes. Nous voulons parler du cantonnement des Arabes. Nous savons bien que cette mesure a contre elle l'aristocratie locale : les caïds, les cheiks, tous les hauts et puissants seigneurs de grande et de petite tente ; gens de grande race et très élégants, si l'on veut, mais plus ou moins recommandables ; gens très religieux, mais qu'une dévotion intéressée rend ennemis de la moindre réforme, du plus petit progrès, et, par contre, partisans déclarés d'un *statu quo* qui leur reconnaît presque autant de privilèges qu'en avaient nos seigneurs du moyen âge. Mais, d'un autre côté, elle a pour elle tout ce qu'on est convenu d'appeler le menu peuple : l'homme de peine, le tâcheron, le métayer arabe, le khammès toujours taillable et corvéable à merci, celui qui travaille enfin et qui, seul, au milieu de cette race si différente de la nôtre, paraît offrir quelque prise à l'assimilation. Le khammès n'a qu'un rêve, c'est de devenir fellah, c'est-à-dire propriétaire. S'il aspire ainsi à la propriété individuelle, c'est qu'il sait par expérience que la propriété collective, pour aussi avantageuse qu'elle soit à ses chefs, ne lui rapporte à lui que de mauvais traitements, des servitudes sans nombre, la ruine et la misère. Et, particularité bien remarquable, lorsqu'il a réussi à se faire, par hasard, ce qu'on appelle vulgairement un petit magot, il achète de la terre, mais il l'achète de préférence aux colons, afin d'avoir un titre dont la validité soit établie par les autorités françaises. C'est pour cela que nous ne devons pas nous étonner outre mesure, ni nous alarmer du fait qui a été tout dernièrement signalé à la Chambre, constatant qu'en une seule année trente-quatre mille hectares de terrains ont été vendus aux Arabes par les colons. Pour nous, nous ne saurions voir là qu'un argument de plus en faveur du cantonnement ; et nous espérons bien que, tôt ou tard, le vœu du pauvre khammès se réalisera sur tout le territoire africain.

Malheureusement, jusqu'à ce jour, aucun des gouvernements qui se sont succédé n'a daigné jeter les yeux sur cet humble. Il serait vraiment glorieux pour la République, en même temps qu'elle tendrait une main secourable au prolétaire français, d'affranchir le serf algérien. Tout en remplissant un devoir sacré, elle ferait acte de sage et bonne politique. Sans parler des conséquences morales d'une semblable réforme, il est manifeste que la conséquence économique la plus importante serait de mettre en circulation des biens de mainmorte, et de faciliter des transactions dont l'Etat et nos colons seraient les premiers à bénéficier.

Notre système, on le conçoit déjà sans peine, ne saurait donc manquer de faire affluer en Algérie, comme vers son embouchure naturelle, tout le courant de l'émigration française. Mais, tout urgente que soit son application, il est nécessaire, au préalable et pour cette fin, de créer une institution spéciale. Celle-ci, que nous pourrions appeler Agence de Fondations coloniales ou tout simplement Agence coloniale, aura pour mission d'en assurer la mise en pratique dans tous ses détails. Certains de ses agents s'occuperont de la construction des villages, du tracé des voies, du bornage et des fournitures diverses. D'autres seront envoyés en France pour se mettre à la recherche des émigrants, qu'ils s'efforceront d'attirer dans la colonie par tous les moyens possibles, mais surtout en leur faisant entrevoir les avantages réels qui s'y trouvent, et en leur signalant les privilèges que ne peut manquer de leur accorder l'Etat, tels que l'exemption du service militaire, l'affranchissement de l'impôt pendant un temps plus ou moins long, etc., etc.; puis à l'occasion, ils traiteront avec eux, et lorsqu'ils en auront recruté un nombre suffisant pour peupler un village, ils les conduiront, à jour fixe, jusqu'au port d'embarquement le plus voisin, pour les faire transporter gratuitement en Algérie. Dès leur arrivée, ceux-ci seront recueillis à bord par un nouvel agent qui les accompagnera jusqu'à leur nouvelle résidence ; qui procédera à la distribution des lots : terrains, maisons et accessoires divers; qui s'établira à côté pour les tenir en rapport constant avec l'Agence, inscrivant leurs demandes ou leurs réclamations, se mettant à leur disposition pour tous les conseils ou renseignements utiles, veillant à l'exécution de toutes les clauses du contrat. De plus, pour assurer aux colons une protection effi ace, ce même agent exercera les fonctions de maire dans toute leur plénitude ; et, il ne quittera le village qu'après la première récolte, lorsqu'une municipalité élue dans les conditions ordinaires aura été constituée.

On nous dira sans doute que ce rôle n'exige pas de création nouvelle, et qu'il peut être rempli par les agents actuels de la Direction générale. A notre avis, on commettrait une faute grave en le confiant à ces fonctionnaires, qui sont rompus à une pratique toute différente, qui ont des traditions consacrées, d'anciens errements auxquels il leur serait difficile de renoncer. Avec la meilleure foi du monde, ils feraient pencher la balance du côté où les solliciteraient leurs sentiments intimes. Pour une innovation aussi fondamentale, il faut des hommes nouveaux. Et, d'ailleurs, ne sera-ce pas un excellent moyen d'éveiller l'émulation entre deux institutions tendant, par des voies différentes, au même but final ?

Relevant du gouvernement dont elle recevra les terrains et les fonds nécessaires, notre Agence doit avoir sa vie propre ; elle doit se mouvoir dans un cercle d'attributions et de charges bien définies ; il faut qu'elle soit apte à résoudre des questions très nombreuses, dans le détail desquelles il répugnerait à la Direction générale d'entrer ; enfin, elle doit revêtir un caractère quasi-paternel, qui ne saurait convenir à la haute administration.

En raison de ses affectations multiples, le service de la nouvelle institution nécessitera l'emploi d'un personnel assez nombreux. L'Agence coloniale se composera d'une direction et de quatre bureaux principaux : 1° un bureau de l'émigration ; 2° un bureau du génie civil ; 3° un bureau de la comptabilité ; 4° un bureau du contentieux. Elle comprendra en outre un certain nombre d'ouvriers qui seront employés, soit à des réparations à faire chez les colons, soit à des travaux préparatoires d'élevage et de culture.

Nous allons, du reste, donner un tableau qui fera mieux saisir que toute autre explication quelle doit être sa composition totale.

En regard de chaque emploi, nous indiquerons le traitement qui pourrait être alloué au titulaire ; et, au bas, nous noterons le montant des frais généraux.

AGENCE COLONIALE

♦ DIRECTION

Un directeur..	20.000
Un secrétaire..	6.000
Un commis expéditionnaire ou agent de 3ᵉ classe....	2.400
Un garçon de bureau......................................	1.200

BUREAU DE L'ÉMIGRATION

Un chef de bureau...	8.000
Un agent de 1ʳᵉ classe....................................	4.000
Trois agents de 2ᵉ classe à 3,000 fr. chacun...........	9.000
Un agent de 3ᵉ classe.....................................	2.400
Un garçon de bureau......................................	1.200

BUREAU DU GÉNIE CIVIL

Un chef de bureau...	8.000
Deux agents de 1ʳᵉ classse { architecte.................	4.000
à 4,000 francs chacun { géomètre...................	4.000
Deux agents de 2ᵉ classe à 3,000 fr, chacun............	6.000
Un agent de 3ᵉ classe.....................................	2.400
Un garçon de bureau......................................	1.200

BUREAU DE LA COMPTABILITÉ

(Prêt, Caisse d'épargne, Économat)

Un chef de bureau...	8.000
Deux agents de 1ʳᵉ classe à 4,000 fr. chacun...........	8.000
Un agent de 2ᵉ classe.....................................	3.000
Un agent de 3ᵉ classe.....................................	2.400
Un garçon de bureau......................................	1.200

BUREAU DU CONTENTIEUX

(Litiges, Archives, Imprimés, Rédaction, Affaires diverses)

Un chef de bureau...	8 000
Un agent de 1ʳᵉ classe....................................	4.000
Un agent de 2ᵉ classe.....................................	3.000
Un agent de 3ᵉ classe.....................................	2.400

Deux imprimeurs à 1.500 fr. chacun....................... 3.000
Un garçon de bureau....................................... 1.200

Vingt agents résidents ou de 4ᵉ classe à 2,000 fr. chacun 40.000
Dix agents résidents ou de 5ᵉ classe à 1,500 fr. chacun   15.000
Un concierge... 1.000

ATELIERS, FERMÉ ET JARDINS

Un régisseur... 4.000
Un ouvrier des divers corps de métiers suivants :
  Forgeron, maçon, charpentier, charron, tonnelier,
  menuisier, peintre, couvreur, à 1,200 fr. chacun...   9.600
Ouvriers auxiliaires..................................... 3.800
Personnel de la ferme.................................... 4.800
Personnel des jardins.................................... 3.900
Aides divers... 3.000

FRAIS DE DÉPLACEMENT

Directeur........ par jour	20	
Chef de bureau, secrétaire —	15	
Agent de 1ʳᵉ classe —	12	
Agent de 2ᵉ classe —	10	15.000
Agent de 3ᵉ classe —	8	
Agent de 4ᵉ classe —	6	
Agent de 5ᵉ classe —	4	
Frais de bureau	15.000	
Réparations, entretien	4.000	25.700
Frais imprévus	6.700	
Total		250.000

Comme on le voit, d'après ce tableau, ce sera une dépense de 250,000 francs qui devra être inscrite de ce chef au budget.

Ajoutons en passant que les agents seront soumis à une retenue, à titre de fonctionnaires de l'Etat, et qu'ils auront droit, après trente ans d'exercice, à une pension de retraite proportionnelle à leur traitement respectif (1). Ils ne pour-

---

(1) Par exception, les premiers titulaires auront droit à la retraite après soixante ans d'âge, quelle qu'ait été la durée de leur service.

ront être révoqués que pour cause d'indignité, mais ils pourront être mis en non-activité pour tout autre motif. Dans ce dernier cas, ils ne recevront plus que la moitié de leur traitement.

Nous avons dit que l'Etat devait fournir à l'Agence les fonds et les terrains utiles à ses opérations. Comme on le verra plus loin, l'Etat ne fait ici qu'une simple avance et doit rentrer tôt ou tard dans ses déboursés. Les fonds seraient puisés à une caisse spéciale. Cette caisse, dite des fondations coloniales, garantirait tout d'abord à l'Agence, par un capital fixe de vingt-cinq millions, toutes les dépenses à faire dans une période de six années. En outre, elle tiendrait en réserve et à sa disposition, pour répondre à des éventualités possibles ou à des nécessités d'encombrement, une somme plus ou moins considérable, mais dont le chiffre extrême ne saurait cependant dépasser vingt-quatre millions.

La somme fixe de vingt-cinq millions serait donc répartie en six annuités de quatre millions chacune, sauf pour la première comprenant un million de plus qui serait affectée à des frais de location provisoire, puis à l'acquisition d'un terrain et à la construction d'un édifice destiné à devenir le siège de l'Agence, et devant rester comme tel propriété d'Etat.

Ainsi, avec les vingt-quatre millions de la Caisse des Fondations coloniales restant disponibles, la somme annuelle de quatre millions nous donnera, pendant six années, la faculté de construire un certain nombre de villages et de pourvoir à toutes les dépenses afférentes. Au bout de ce laps de temps, la caisse, par une combinaison que nous expliquerons bientôt, se trouvera alimentée de façon à permettre le fonctionnement normal et continu de l'Agence. Celle-ci, loin d'avoir besoin de recourir à l'Etat pour lui réclamer un nouvel appoint, sera à même de lui rembourser, tout en continuant ses opérations, les vingt-quatre millions qui ont servi de première mise de fonds.

Recherchons maintenant ce que chaque village nous coûtera en y comprenant tous les frais nécessaires à l'installation coloniale. Cette étude nous permettra de nous rendre compte du nombre de villages que nous pourrons édifier chaque année, et par suite de la totalité de ceux que nous pourrons édifier avec nos vingt-quatre millions. Tout village étant destiné à devenir le chef-lieu d'une commune devra être établi au centre d'un territoire de neuf à dix mille hectares, étendue moyenne d'une commune rurale en France. Sur un tel territoire, l'Etat, laissant aux tribus la plus grosse part sur laquelle il pourra d'ailleurs par la suite, s'il le juge opportun, établir le cantonnement des Arabes, achète quatre mille hectares. Sur ces quatre mille hectares, il en cède à l'Agence trois mille et quelques, tout en s'imposant l'obligation de ne se défaire de ce qui lui reste, c'est-à-dire de mille hectares environ, que lorsque l'Agence aura terminé ses opérations. Ce millier d'hectares, après avoir subi la plus-value résultant de l'exploitation des terrains environnants, sera vendu, à ce moment seulement, par l'Etat et à son profit, et suffira largement pour le couvrir de la somme qu'il aura déboursée pour l'acquisition totale. Avec une portion des trois mille et quelques hectares, mis ainsi à sa disposition, l'Agence créera tout d'abord des lots dont la proportion égalera la quantité de terre que peut cultiver une famille valide, soit dix hectares qui seront abandonnés en toute propriété à chaque colon.

Notre village sera situé à proximité d'un route, ou distant de sept kilomètres au plus d'un centre communal voisin déjà pourvu de route ; et, dans tous les cas, en un point d'exposition favorable. Il comprendra quarante-huit maisons de colon, plus quatre autres habitations, aménagées, l'une pour un boulanger, l'autre pour un forgeron, la troisième pour une maison d'école, et la dernière qui deviendra plus tard l'hôtel de la mairie du lieu, pour servir de résidence provisoire à un agent colonial. Ces maisons, variant légèrement de forme, seront construites sur une ou plusieurs lignes, mais toujours de façon que, soit en avant de leurs façades, soit dans l'enceinte qu'elles circonscrivent, il reste environ deux hectares disponibles pour emplacements.

Chaque habitation de colon se composera d'une pièce principale et d'une chambre à coucher qui contiendront le mobilier strictement indispensable. En arrière et à l'un des côtés, sera adossé la grange comprenant une étable, un chai et le local suffisant pour abriter tous les instruments de travail. Terrains, maison et mobilier, bétail et instruments seront cédés, par un acte en bonne et due forme, au colon qui prendra l'engagement d'en payer la valeur fixée dans un délai de dix ans, sans intérêt. Cette valeur, représentée en totalité par le chiffre de trois mille francs, sera néanmoins réduite de cinquante francs par chaque année de payement anticipé, c'est-à-dire que si elle est comptée avant la première récolte, elle ressortira au chiffre de deux mille cinq cents francs, dans le cours de la première année d'après à deux mille cinq cent cinquante, dans le cours de la seconde à deux mille six cents, et ainsi de suite jusqu'à la dixième où elle atteindra le chiffre indiqué plus haut.

Le colon restera toujours libre de résilier son engagement en abandonnant toutes choses dans l'état ; mais d'autre part, quoique propriétaire reconnu de tous les meubles et immeubles à lui cédés, il ne pourra, avant final payement, ni vendre ni aliéner, sans l'autorisation de l'Agence, qui conserve, du reste, tous les privilèges du vendeur.

Notons en passant que l'Agence ouvrira une caisse d'épargne en même temps qu'un bureau de prêt en faveur et dans l'intérêt du colon ; qu'elle mettra à sa disposition diverses avances en nature, telles que graines et plantes utiles à ses premières cultures ; qu'à sa demande elle enverra, durant le cours de la première année, et au prix courant, tel ouvrier de ses ateliers dont il aura besoin ; qu'elle lui assurera la vie matérielle pendant les premiers temps de l'exploitation, jusqu'à la première récolte, par la livraison d'une certaine quantité de pain. C'est ainsi que chaque membre de la famille du colon, quel que soit son âge, recevra un kilogramme de pain par jour. Et le colon sera entièrement tenu quitte de cette dernière avance en s'employant, durant cette période de temps, un jour par semaine à des travaux exclusivement communaux.

La loi sur l'instruction sera appliquée dans tous les villages.

Les soins médicaux seront assurés, grâce à deux ou trois tournées de semaine, régulièrement pratiquées par un médecin de colonisation subventionné par l'Agence, pour un exercice de dix années.

Le service religieux sera facilité dans la mesure du possible, et remplacé, au besoin, par un cours d'instruction morale fait par l'instituteur chaque dimanche. Enfin, l'agent colonial qui a reçu et conduit les colons dans le village, qui s'est établi à côté d'eux pour leur servir d'intermédiaire autorisé, de guide, de conseiller, de protecteur, distribuera, à certaines époques, aux plus laborieux et aux plus méritants d'entre eux, des primes d'encouragement consistant surtout en instruments agricoles et en animaux de basse cour. Plus tard, lorsque le village, sa première récolte faite, aura nommé sa municipalité, il installera le nouveau maire en lui remettant, avant son départ, les insignes et les instruments de l'administration désormais confiée aux soins de l'élu du conseil, ainsi que les titres d'une dotation décennale faite par l'Agence, et dont la destination sera, avec d'autres ressources telles que celles fournies par les prestations, et par l'impôt de mer dont les plus petites communes de l'Algérie touchent une part, d'assurer pour l'avenir la vie municipale. Une fête consacrera le jour où aura lieu cet événement important qui marquera l'inauguration définitive du village, et l'anniversaire en sera régulièrement célébré sous le nom de fête votive ou fête locale.

Ceci dit, nous allons soumettre à nos lecteurs, en bloc pour chaque article et d'après des calculs rigoureux dont il serait fastidieux d'apporter ici le détail, la note du montant des dépenses à faire pour la création d'un village.

Cinquante maisonnettes de colons avec grange adossée, y compris deux maisons aménagées l'une pour un boulanger et l'autre pour un forgeron........	125.000
Maison d'école et mairie meublées...................	20.000
Deux puits. — Lavoir. — Abreuvoir.................	4.000
Bétail. — Matériel agricole......................	60.000
Mobilier...............................	10.000
Travaux préparatoires. — Plans, tracés de voies, etc..	4.000

Transport des colons............................	4.000
Fourniture de pain...............................	34.000
Fournitures diverses. — Arbres, cépages, etc...........	2.000
Transport de denrées. — Frais divers...............	2.000
Primes accordées au colons........................	3.000
Abonnements pour dix ans aux Compagnies d'assurances, à raison de 300 fr. par an...............	3.000
Fête de l'inauguration du village....................	1.000
Dotation décennale de la commune à percevoir par annuités de 1,800 fr. pour solder :	
Médecin et médicaments.................. 1.200	
Secrétaire de la mairie................... 150	18.000
Appariteur 100	
Travaux urgents....................... 350	
Cas imprévus...................................	10.000
TOTAL..................	300.000

Trois cent mille francs, tel est le prix de revient de notre village, dans la disposition duquel nous avons pris toutes nos mesures pour satisfaire aux nécessités du présent et aux prévisions de l'avenir. A ce prix, avec les vingt-quatre millions de la Caisse des Fondations coloniales, nous édifierons dans la période six années quatre-vingts centres communaux importants. Disons pour mémoire qu'avec une première mise de fonds double ou triple, et sans augmentation notable de son personnel, l'Agence pourrait en édifier dans le même temps cent soixante ou deux cent quarante.

C'est dans un tel village où, comme on le voit, se trouvent réunis tous les éléments d'une prospérité certaine et prochaine, que nous installerons le colon avec lequel nous aurons traité, n'exigeant de lui, au préalable, que les trois conditions suivantes : être Français, être marié, être indemne de toute condamnation grave.

Ne trouvant d'entraves ni d'obstacles pour paralyser son courage ou enrayer sa bonne volonté, celui-ci, dès son arrivée, se sentira raffermi et dispos, prêt à se mettre à l'œuvre en suivant les voies que nous lui avons frayées. Ses premiers efforts, bientôt couronnés de succès, l'encourageront à persévérer dans sa tâche. Au bout d'un temps très court, les revenus de sa terre lui auront permis de se libérer. Puis ces revenus ne faisant que s'accroître — soit par la bonification du sol, soit par des produits de culture plus rémunérateurs que ceux du début, par celui de la vigne notamment, qui permet tout en Algérie — notre colon ne tardera pas à entrevoir un avenir prospère. Alors se manifesteront chez lui de nouveaux besoins. Il songera à améliorer son alimentation, à renouveler ses vêtements, à agrandir sa maison, à compléter son mobilier, à se pourvoir d'auxiliaires pour cultiver un domaine plus étendu ou mieux soigné.

Force lui sera de demander le concours des étrangers, de s'adresser à divers corps de métiers. C'est ainsi qu'il se verra obligé de recourir au tâcheron, au tailleur, au cordonnier, au maçon, au charpentier, au menuisier, au drapier, à l'épicier, etc. Tous ces ouvriers ou industriels trouvant de la besogne et des bénéfices à faire, répondront à son appel, et viendront s'installer dans le village, Après ceux-ci, l'aisance et la prospérité continuant à s'accentuer, surviendront des bouchers, des hôteliers, des voituriers, des entrepreneurs, des usiniers, des négociants de toute sorte.

Au reste, pour avoir une conception bien nette de ce que sera notre village dans quelque temps, reportons-nous en France, dans une région particulièrement rurale, et observons comment se trouve constitué tout village comprenant plus de cinquante feux.

De prime abord, nous constatons que le tiers à peine de la population qui l'habite s'occupe de travaux exclusivement agricoles, tandis que les deux autres tiers, tout en possédant par ci par là quelques lopins de terre, exercent des professions diverses. Or, dans des conditions d'ordre économique identiques, les mêmes causes devant donner lieu aux mêmes effets, il se produira dans le village algérien ce qui s'est produit dans le village français, si bien qu'au bout d'un certain temps, tout comme dans ce dernier, sa population se composera, en outre, des colons ou agriculteurs et dans des proportions plus considérables, d'une foule d'ouvriers et d'industriels.

Une nouvelle question se présente : Où trouveront place

ces nouveaux venus? Ils trouveront place dans l'intérieur même du village, où l'Agence a eu le soin de laisser des terrains disponibles.

Nous touchons ici à la combinaison qui va nous permettre, non seulement de rentrer dans nos dépenses, mais encore de réaliser des bénéfices. Expliquons-nous. Nous devons nous rappeler que, sur le territoire destiné à établir la future commune, l'Etat nous a donné trois mille et quelques hectares de terrains sur lesquels, nous-même, en construisant notre village, nous avons, dans la prévision d'un accroissement de population, réservé deux hectares pour servir d'emplacements; qu'en second lieu nous avons, en traitant avec les colons, cédé à chacun d'eux dix hectares de terre, soit en totalité cinq cents hectares.

Donc il reste à notre disposition, en outre de deux hectares d'emplacements, deux mille cinq cents hectares de terre. Fixons le prix de nos emplacements à raison de cinq francs le mètre pour le premier hectare et dix francs le mètre pour le second ; accordons au colon le privilège d'acquérir cinq cents nouveaux hectares au prix de cent francs l'un ; enfin, mettons en vente les deux milliers d'hectares restants qui, en plein pays cultivé, trouveront facilement preneurs au prix minime de deux cents francs l'un pour le premier millier, et de deux cent vingt-cinq francs pour le second

Voilà un ensemble de valeurs nouvelles qui n'ont rien d'exagéré, rien d'imaginaire, et qui résulteront directement de la bonne organisation de notre village.

Récapitulons et établissons le quantum des valeurs dont l'Agence se trouve en possession dans la nouvelle commune :

Créance sur les colons réduite à son minimum........	125.000
Deux hectares (le 1er à 5 francs le mètre............	50.000
d'emplacements (le 2e à 10 francs le mètre............	100.000
Cinq cents hectares réservés aux colons, à 100 fr. l'un.	50.000
Mille hectares — à 200 fr. l'un.	200.000
Mille hectares — à 225 fr. l'un.	225.090
Soit au total................	750.000

Si de ce total nous déduisons 150,000 francs ou deux dixièmes, destinés, l'un à représenter les risques de pertes, l'autre à être distribué, à titre de prime et proportionnellement au traitement, aux divers membres composant le personnnel de l'Agence, il nous reste encore, en propriété immobilière ou en créance de premier ordre, une valeur de 600,000 fr., c'est-à-dire une somme double du prix de revient de notre village. Comme il en sera naturellement de même pour chacun des autres, nous arrivons à cette conclusion logique que les quatre millions dépensés chaque année par l'Agence, produiront du coup une valeur de huit millions, et qu'enfin les vingt-quatre millions de la Caisse des Fondations coloniales, employés dans la période de six années, créeront une valeur double, soit quarante-huit millions, réalisables dans un temps plus ou moins long. Dès à présent, on conçoit que l'Agence puisse voir rentrer chaque année dans sa caisse quelques portions de ce nouveau capital.

Mais précisons : d'un côté l'Agence a dépensé dans six ans vingt-quatre millions, et elle a créé de l'autre une valeur de quarante-huit millions. Eh bien, admettons que cette valeur mette pour rentrer dans la Caisse des Fondations coloniales un temps très long, trente-six années par exemple ; qu'en résultera-t-il ? C'est que l'Agence trouvera là une source de revenus suffisante pour continuer ses opérations pendant un temps indéfini.

En effet, la trente-sixième partie de quarante-huit millions étant représentée par 1,333,333 fr. 33, l'agence aura vu rentrer dans sa caisse, au bout de six ans, tout en dépensant ses vingt-quatre millions, six trente-sixièmes ou huit millions. Qu'est-ce qui l'empêcherait à ce moment d'entreprendre pour une seconde période de six ans une opération semblable à la première, c'est-à-dire d'affecter par annuité de quatre millions une nouvelle somme de vingt-quatre millions, devant elle aussi se transformer en une valeur double, en une valeur de quarante-huit millions? L'insuffisance de fonds, dira-t-on peut-être. Elle n'est qu'apparente, car nous trouvons à notre disposition les vingt-quatre millions utiles aux dépenses de cette période. Pour nous en rendre compte, nous n'avons qu'à ajouter aux huit millions que nous possédons déjà les six nouveaux trente-sixièmes de la première période, et les six premiers trente-sixièmes de la seconde qui doivent rentrer dans ce même laps de temps. Ces douze trente-sixièmes equivalent à seize millions, et joints aux huit millions précités, ils nous donnent exactement les vingt-quatre millions demandés.

Il en sera de même pour une troisième période de six ans, durant laquelle nous aurons à toucher, chaque année, deux trente-sixièmes des périodes précédentes et un trente-sixième de celle courante, soit quatre millions ; ce qui, pour les six années, donnera vingt-quatre millions.

A la quatrième période, nous toucherons quatre trente-sixièmes annuels, donnant un chiffre supérieur à celui de la dépense, et qui se traduira au bout de six années par un excédent de huit millions. A la cinquième, cinq trente-sixièmes, soit un excédent de seize millions pour les six années.

L'Agence pourra donc atteindre la trentième année de son existence, non-seulement sans cesser de fonctionner, mais encore en prélevant sur les excédents fournis par la quatrième et cinquième période une somme suffisante pour rembourser à l'Etat les vingt-quatre millions que celui-ci a avancés. Et, dès la sixième période, ses rentrées annuelles étant représentées par six trente-sixièmes ou huit millions, elle pourra marcher en dehors de tout concours en basant ses nouvelles opérations sur une annuité de huit millions, chiffre double de celui employé au début, et qui ne fera du reste que s'accroître avec le temps.

Tout en acceptant la justesse théorique de cette combinaison, on pourrait objecter qu'elle doit rencontrer dans la pratique des difficultés qui la rendront inapplicable. — Croyez-vous, nous dira-t-on, qu'il soit possible que vos rentrées se fassent, surtout dans les premières années, avec cette régularité périodique sur laquelle votre combinaison est étayée, et qui, venant une seule fois à manquer, la laissera crouler, tout comme une base défectueuse laisse tôt ou tard crouler l'édifice qu'elle supporte? A cela, nous répondrons que nous avons prévu le cas et pris nos mesures en conséquence. On doit se rappeler, en effet, qu'en établissant la Caisse des Fondations coloniales, il a été admis qu'elle tiendrait à notre disposition une somme fixe de vingt-quatre millions, et, de plus, une somme réservée pouvant atteindre un chiffre égal, afin de parer à toute éventualité. Eh bien ! dans le cas où quelques-unes de nos rentrées se feraient attendre, nous aurions toujours la ressource de recourir à cette réserve, et d'emprunter telle somme dont nous pourrions avoir besoin, avec la certitude, d'ailleurs, de pouvoir la restituer à une échéance plus ou moins rapprochée.

Dès lors, il devient évident que l'objection la plus sérieuse qu'on pût nous opposer n'a plus de raison d'être.

Quoi qu'il en soit de tout ce que nous venons de dire, en face d'une colonisation aussi languissante que celle de l'Algérie, il est du devoir de chacun de nous de rechercher à quelle cause est due cette situation, et de se demander si on a fait tout ce qu'il fallait faire, si l'on ne pourrait faire mieux.

Dans tous les cas, il y a urgence à tenter quelque chose de plus. La position que l'Angleterre vient de prendre en Egypte, les sourdes menées de l'Italie en Tunisie et dans la Tripolitaine, l'ingérence de fraîche date, mais très active de l'Allemagne dans les affaires intimes du monde musulman, nous obligent à nous tenir sur nos gardes, à agir sans perdre une minute. Il faut, à tout prix et par tous les moyens, activer le peuplement d'une colonie, dont la possession, solidement établie, peut seule nous garantir notre prépondérance sur la Méditerranée, et l'accomplissement de notre œuvre civilisatrice sur le monde africain tout entier.

C'est dans cette intention que nous nous permettons d'exposer à nos lecteurs ce projet d'un nouveau système de colonisation qui, on voudra bien le reconnaître, présente des avantages indéniables. Il diffère essentiellement de celui adopté jusqu'à ce jour, mais n'en empêche pas l'application. Ses résultats, tout en étant immédiats et certains, promettent également d'être meilleurs. En résumé, le système de la concession n'attire et ne peut attirer beaucoup de monde en Algérie, parce qu'il s'adresse à une classe particulière de gens, grands ou petits capitalistes, qui ne songent nullement à quitter la France, qui n'ont aucune velléité d'émigrer, tandis que le nôtre ne saurait manquer d'en attirer beaucoup, parce qu'il s'adresse à tous, mais surtout à l'indigent qui, dans notre beau pays, est à peu près le seul qui émigre.

Mais, avant tout, pour le mettre en œuvre avec de complètes garanties de succès, il est indispensable de créer une institution nouvelle, autonome, recevant les fonds nécessaires des mains de l'Etat qui, grâce à une heureuse combinaison dont nous venons d'indiquer la marche, ne tardera pas à recouvrer toutes les dépenses qu'il aura faites.

Par l'application de notre système, si simple, si pratique, qui n'impose à l'Etat que l'avance d'une somme relativement minime, la porte de notre colonie — restée impitoyablement fermée jusqu'à ce jour à la face des malheureux — s'ouvre toute grande et donne accès à un flot d'émigrants. Ceux-ci, pauvres pour la plupart, s'estimeront très heureux d'être relevés de leur misère par une généreuse confiance, et de pouvoir rester Français tout en allant tenter fortune. N'est-ce pas là, d'ailleurs, un des mille et bons moyens de résoudre, dans une certaine limite, cette terrible question sociale qui, si elle échappe à une solution d'ensemble, est bien loin de se soustraire à des solutions de détail ?

Toujours est-il que le peuplement de la colonie, si lent jusqu'ici, va dès lors s'opérer rapidement. L'élément français s'accroît et prend bientôt des proportions qui lui permettent d'absorber peu à peu les éléments d'origine purement européenne, et, en même temps, d'annihiler ceux d'origine indigène.

Profondément fouillée par une saine et vaillante race de colons, la terre d'Afrique étale tous les trésors de sa fécondité. Une ère nouvelle se lève en Algérie : l'ère de la prospérité et de la puissance. C'est alors, mais alors seulement, que nous aurons le droit de ne plus avoir d'inquiétude, et de dédaigner les intrigues suspectes, les provocations haineuses ou les convoitises mal dissimulées de nos ennemis.

Pour nous, dans l'espoir de voir apparaître plus tôt cet heureux jour. nous ne cesserons de faire appel à la sollicitude éclairée et patriotique des dépositaires du pouvoir, en proférant le cri d'alarme du vieux Romain : *Caveant Consules!*

Paris. — Imprimerie Nouvelle (assoc. ouvr.) — G. Masquin, dir.